AF381011

LE BUSINESS MODEL FREEMIUM

La gratuité comme outil de vente

Par Mouna Guidiri
Sous la direction d'Anne-Christine Cadiat

LE BUSINESS MODEL FREEMIUM

INTRODUCTION

There is no such Thing as a Free Lunch (« Il n'y a pas de chose telle qu'un repas gratuit »). Ce titre de l'ouvrage de l'économiste américain Milton Friedman (1912-2006) en dit long sur l'attitude de la majorité des économistes vis-à-vis de la gratuité : elle n'existe tout simplement pas.

> ### BON À SAVOIR : *THERE IS NO SUCH THING AS A FREE LUNCH*
>
> Cette phrase, d'un auteur inconnu, a été popularisée par des économistes tels que Friedman. Elle renvoie à l'illusion du gratuit : tout a un prix, qu'il soit direct ou indirect, visible ou caché.

Cependant, il suffit de parcourir les applications proposées sur Internet pour trouver plusieurs contre-exemples, de Spotify à Dropbox en passant par bon nombre d'antivirus. Notons toutefois que ces produits ne sont pas entièrement gratuits :

- Spotify limite la durée d'écoute gratuite ;
- Dropbox n'offre qu'un certain espace de stockage gratuitement ;
- les antivirus ne proposent qu'une version allégée de protection.

Ces applications ont en commun leur mode de distribution : l'offre comprend une version gratuite (*free*) et une version plus sophistiquée/aboutie, payante (*premium*).

Historique

La distribution d'échantillons gratuits existe depuis longtemps déjà. Offrir une petite quantité d'un produit (aliment, shampooing, boisson, etc.) est en effet une pratique qui fait ses preuves car elle permet d'attirer le client et l'amène subtilement à acheter lui-même le produit. Cette pratique a certainement inspiré le modèle freemium qui fonctionne de manière similaire dans un environnement virtuel. Cette forme de gratuité correspond à un *business model* (modèle d'entreprise ou modèle d'affaires résumant les activités d'une entreprise : objectifs, processus et ressources exploitées) développé dès les années quatre-vingt, spécialement pour les logiciels. En 2006, Jarid Lukin de la société Alacra, lui attribue le nom « freemium », combinaison de *free* et de *premium*.

Définition du modèle

Le modèle freemium est un *business model* qui combine deux stratégies de prix. Pour un même produit, le modèle propose deux offres : l'une est gratuite et permet un accès libre, l'autre est payante et permet de bénéficier de services améliorés et/ou supplémentaires.

La stratégie de ce modèle repose sur le potentiel que sa version gratuite a pour attirer un grand nombre d'utilisateurs et, surtout, pour les fidéliser. L'objectif reste de convertir un maximum d'utilisateurs de la version gratuite en utilisateurs de la version payante.

C'est un modèle qui ne peut être exploité pour n'importe quel produit. Si plusieurs cas illustrent son adaptation aux logiciels ou aux jeux vidéo, il représente un défi pour les produits culturels, notamment. Il s'agit donc d'une stratégie dont la plus-value peut être conséquente, mais qui nécessite préalablement une analyse minutieuse du contexte du produit, des services qui lui sont rattachés, ainsi que de ses coûts de fonctionnement, de distribution, etc.

DONNÉES-CLÉS

- **Dénominations ?** Freemium ou *crippleware*
- **Usages ?** Modèle d'affaires, adapté aux produits numériques et aux données digitales
- **Raisons de son efficacité ?** Gestion des coûts originale, attraction massive de clients, adaptation aux produits numériques
- **Mots-clés ?** Freemium, gratuit, premium, numérique, taux de conversion

THÉORIE – PRÉSENTATION DES PRINCIPES ET DU MÉCANISME DU FREEMIUM

QUEL TYPE DE GRATUIT ?

Il existe différents types de gratuit :

- **la gratuité pour attirer le client et l'inciter à acheter le produit.** Ce type repose sur la vente de produits complémentaires en parallèle à une offre gratuite du produit de base (exemple : un rasoir offert à l'achat de trois lames) ;
- **la gratuité soutenue par un tiers/intermédiaire.** Ce type dépend des annonceurs qui financent le producteur en échange d'un espace d'annonce, en sachant que l'annonceur est à son tour financé par le consommateur de manière indirecte (le prix relatif à la publicité

est intégré dans le prix du produit couvert par l'annonceur) ;

- **la gratuité en échange de la renommée.** Ce type est le plus rare dans une économie de marché : le don en échange de l'attention, de la réputation, etc. qui ne sont pas valorisées pécuniairement ;

Les types de gratuit

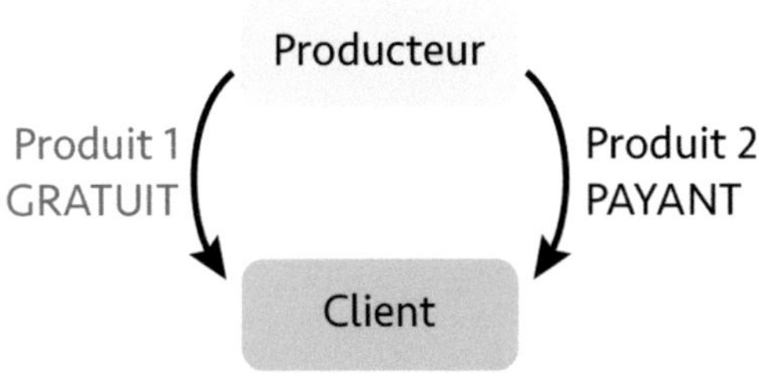

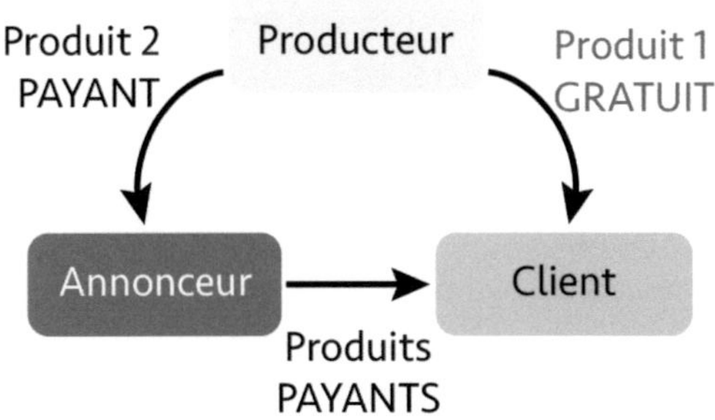

BON À SAVOIR : ÉCONOMIE DE MARCHÉ

Système économique où seule la confrontation entre l'offre et la demande permet de fixer les prix, la quantité et la qualité des biens et services se trouvant dans ledit système.

- le **freemium** est le *business model* qui exploite la gratuité de telle sorte qu'une faible part des consommateurs paye pour l'ensemble de la communauté des utilisateurs jouissant de l'offre gratuite.

Le freemium

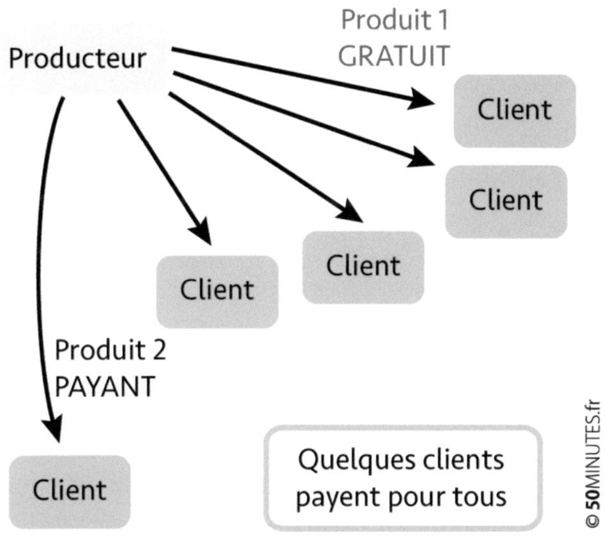

Fred Wilson, *venture capitalist*, encourage la pratique du freemium et exprime ouvertement son point de vue sur son blog : « Donnez votre service gratuitement, en vous appuyant éventuellement sur la publicité, acquérez beaucoup de clients de manière efficiente à travers le bouche-à-oreille, les réseaux de référence, etc. Par la suite, offrez une version premium proposant des services

payants à valeur ajoutée ou une version amélio-
rée de votre service à votre clientèle de base. »

ENTRE FREE ET PREMIUM

L'équilibre du freemium repose donc sur une offre mixte qui propose deux versions différentes d'un même produit, l'une étant gratuite et l'autre payante.

Il faut noter qu'il ne s'agit nullement d'un mo-dèle socialiste dont le but ultime est de fournir les produits en question à une certaine frange de la clientèle de manière gratuite. Les sociétés qui optent pour ce *business plan* espèrent constam-ment faire l'acquisition de nouveaux clients prêts à payer pour la version premium.

Comment ce modèle de gratuité est-il financé ? Comment fait-il pour attirer des clients premium ? Pour répondre à ces questions, il est important de souligner que le freemium est particulièrement adapté aux produits numériques ou se rapportant aux technologies de l'information, et donc liés en grande partie à l'utilisation des ordinateurs et d'Internet. Étant donné que le coût d'acquisition et/ou d'utilisation d'un ordinateur et d'Internet baisse, le développement de produits destinés à ces médias est de moins en moins coûteux. Pour illustrer cette baisse de coût de production, nous pouvons nous référer aux fichiers MP3 dont les copies, qu'elles soient 100 ou 10 000, ne coûtent quasiment que la somme déboursée pour la création de la première version. En termes économiques, cette situation est celle d'un coût marginal (coût généré par la deuxième unité produite) proche de zéro. Ainsi, la vente d'un nombre défini de produits suffit à couvrir l'intégralité des coûts de production. Cette nouvelle réalité contribue grandement au développement du freemium dans le domaine digital. En outre, il devient possible de poser des limites d'utilisation dans le temps ou dans les fonctionnalités des produits et des services numériques.

Étant donné que la distribution gratuite d'un certain nombre de leurs produits n'engendre pas de dépenses élevées, les entreprises dont les produits s'y prêtent appliquent ce modèle pour attirer le plus grand nombre de clients possible. Si l'intérêt qu'ont les consommateurs pour le gratuit est intimement lié à l'absence de coûts de transactions mentaux, la rentabilité de ce type de modèle repose sur le pourcentage d'utilisateurs – initialement attirés par la gratuité du produit – qui décideront de payer pour la version premium. Ce pourcentage est appelé « taux de conversion premium ». Puisqu'il est évident qu'aucune personne rationnelle ne paierait pour un produit délivré gratuitement, il est important de différencier les formules free et premium, en ajoutant à la seconde version une plus-value notable et suffisamment convaincante aux yeux des consommateurs disposés à payer.

TYPES DE PREMIUM

Cette valeur ajoutée peut prendre différentes formes, regroupées en différentes catégories de premium :

- **la première catégorie offre des options supplémentaires.** Dans le cadre d'une version allégée ou *light* (la version gratuite), des services de base sont proposés. La version payante offre les mêmes services, améliorés, plus éventuellement d'autres services avancés. L'exemple de Skype met particulièrement bien en lumière ce constat : les consommateurs peuvent effectuer des appels de PC à PC gratuitement, mais ils paient pour les appels vers les téléphones mobiles. L'enjeu est donc, pour les des services basiques, de pousser les utilisateurs de base vers la version plus sophistiquée ;

- **la deuxième catégorie propose des services gratuits, mais pour une durée limitée.** Il existe deux formules différentes :
  - la première permet une utilisation limitée par périodes. Spotify offre par exemple un temps d'écoute gratuit de musique pendant 10 heures par mois et propose une écoute illimitée dans la version payante (en streaming),
  - la seconde convient davantage aux logiciels. Une version d'évaluation de la suite Office de Microsoft, par exemple, est gratuitement mise à disposition des utilisateurs. Celle-ci est complète, incluant tous les services, mais limitée dans le temps – l'accès étant par la suite bloqué de manière définitive à moins que la version intégrale du logiciel n'ait été entre-temps achetée. Dans ce cas de figure, l'achat est motivé par l'habitude d'utilisation qui pousse le consommateur à acquérir la version accessible en permanence ;
- **la troisième catégorie consiste en une limitation en termes de quantité.** Il s'agit généralement d'un nombre gratuit et limité

de mégabits (Mb) ou de gigabits (Gb), unités de mesure informatique rendant compte d'un espace que concède le producteur de ce type de biens/services. Ainsi, Dropbox propose gratuitement un stockage de données limité à 10 Gb, un dépassement éventuel engendrant un paiement ;

- **la dernière catégorie est liée au nombre d'utilisateurs qui bénéficient du produit.** Un seul utilisateur peut utiliser le service en question gratuitement. L'ajout d'un autre utilisateur, sur le même ordinateur, implique le paiement du prix fixé. L'application HipChat peut illustrer ce dernier type de freemium. En effet, le site permet aux cinq premiers utilisateurs de jouir de l'offre complète (discussion de groupe ; souvent employé dans le cadre professionnel) gratuitement, mais dès que l'inscription d'une sixième personne est effective, l'offre gratuite expire et chaque utilisateur (même les cinq premiers) sont priés de payer un forfait par mois.

La première catégorie présente un type de freemium basé sur les options, tandis que les trois derniers sont davantage axés sur la capacité.

Cette catégorisation ainsi exposée n'est naturellement pas exhaustive, bien qu'elle relève les types les plus communs du freemium.

Dans ce qui suit, nous allons clarifier les défis auxquels doivent faire face les entrepreneurs ayant opté pour le modèle freemium.

LIMITES DU MODÈLE ET EXTENSIONS

Le freemium est un modèle à risques. Il présente d'une part des avantages non négligeables en termes d'attraction de la clientèle et une gestion originale des coûts de production. Mais il reste d'autre part un modèle délicat dans sa mise en place, car il comporte plusieurs risques qui peuvent être contraignants lorsque le modèle est mal adapté au produit.

LIMITES ET CRITIQUES DU MODÈLE

Attention aux *freeloaders* !

Les *freeloaders* – qui ne sont attirés par le produit que parce qu'il est gratuit – représentent le plus gros risque, puisque l'offre premium n'est jamais assez attrayante à leurs yeux. Si, dans le cas d'un scénario extrême, la totalité des utilisateurs se révélait être des *freeloaders* (taux de conversion égal à 0), le modèle freemium serait un véritable échec.

Le constat pourrait être le même si les consommateurs, qui ne sont pas des *freeloaders* à la base, ne sont pas séduits par les avantages qu'offre la version payante.

La concurrence s'en mêle...

La concurrence – ce n'est pas nouveau – peut également constituer un danger important. Les offres freemium relatives à des produits similaires proposeront inévitablement des services substituables. Cette situation risque d'occasionner une faille de taille, puisque les utilisateurs peuvent jongler et passer d'une marque à l'autre de manière à jouir d'une offre gratuite en continu et flirter ainsi avec la version premium illimitée sans payer.

Client lésé ?

Parallèlement à ces risques qui menacent l'entrepreneur, certains inconvénients pour le consommateur sont à relever. Citons notamment, le contrôle limité que ce dernier détient sur le produit gratuit. La capacité d'exigence de l'utilisateur est en effet limitée. En d'autres termes, si le client est roi en temps normal, lorsque ce qui lui est proposé est gratuit, ce privilège est annulé. Une application utilisée gratuitement sur Internet peut par exemple disparaître du jour au lendemain sans obligation de préavis, lésant très probablement les clients habitués à cette offre.

Par ailleurs, un cas particulier du freemium est largement controversé : le principe du *Pay2Win* (« payer pour gagner ») dans le cadre des jeux vidéo. Relevé par les consommateurs du gratuit, ce phénomène partial met en lumière le fait que les joueurs adhérant à la version premium augmentent leurs chances de gagner sans que cela soit corrélé à leur talent.

EXTENSIONS ET MODÈLES CONNEXES

Quand la publicité finance

L'*adware* ou « publiciel » (logiciel publicitaire) est l'une des extensions du freemium. Il s'agit de services offerts gratuitement, mais accompagnés de messages publicitaires permanents, parfois très intrusifs. Cette publicité permet de couvrir les coûts de développement du logiciel ou du jeu vidéo tout en préservant sa gratuité. Toutefois, il est possible de bénéficier d'une version sans publicité en payant. Nous pouvons donc rapprocher l'*adware* du freemium en considérant que la version premium correspond à la version sans publicité.

Le *freeware* : ceci n'est pas un logiciel libre

Traduit par « gratuiciel » (contraction de « gratuit » et de « logiciel ») pour le distinguer du logiciel libre, le *freeware* (de *free* et *software*) est un logiciel qui peut être utilisé gratuitement mais dont les usages sont limités. La version gratuite peut être exploitée comme produit d'appel pour pousser les utilisateurs à acquérir la version payante ou d'autres produits de l'éditeur. L'objectif peut également être de créer un effet d'addiction au produit : en l'offrant gratuitement, il devient un standard en la matière. Cette dernière technique peut s'appuyer sur le *trial* ou période d'essai : la gratuité est limitée dans le temps.

La culture se met au freemium

Lorsque ces limites sont bien analysées et, surtout, utilisées comme indicateurs de l'adaptabilité – ou non – du produit disponible en version freemium, ce modèle garde tout son potentiel de rentabilité.

La preuve de sa pertinence est l'extension qui en est faite par certaines industries, particulièrement celles qui sont en relation avec la culture. L'industrie de la musique, par exemple, se caractérise par un coût marginal très réduit, et ce grâce à l'invention du CD-ROM et, plus tard, du MP3. En outre, certains artistes, tels que Radiohead en 2007 et Nine Inch Nails en 2008, ont adopté le freemium et en ont fait une force commerciale : ils ont choisi de compenser la gratuité du téléchargement de leur album en augmentant le prix des tickets des concerts ou en vendant des versions exclusives de leur album

MISE EN PRATIQUE

RÈGLES D'OR DU FREEMIUM – FACTEURS DE SUCCÈS

En pratique, le succès d'un *business model* de type freemium suppose le respect de certains points à considérer avant de juger de l'adaptabilité du produit concerné.

Ces facteurs de succès peuvent être résumés en quatre étapes.

- Il s'agit tout d'abord de toucher la cible et les éventuels prospects : le mécanisme du freemium est étroitement lié au nombre de consommateurs de la version gratuite. En effet, plus les personnes intéressées par l'utilisation gratuite de la version basique ou allégée sont nombreuses, plus les chances de compter de vrais clients prêts à payer pour passer à la version la plus sophistiquée sont fortes.

Facteur de succès : le public ciblé doit être large. Étant donné que le pourcentage de clients optant pour la version payante est faible en général, il convient d'élargir la base des consommateurs du gratuit afin que le nombre de convertis en premium soit suffisant pour couvrir les coûts de la production. Cela suppose une bonne visibilité des produits et une mise en exergue de l'aspect gratuit.

- Ensuite, il est important de garantir une bonne qualité : nous parlions plus haut de la capacité limitée d'exigence que possède le client, justifiée par la gratuité du produit, mais il faut nuancer ce constat : si le producteur désire séduire le client et le pousser à acquérir le premium, il se doit de mettre à sa disposition une formule gratuite dont les options (pas trop limitées) livrent un réel aperçu de la version payante. Similairement aux échantillons de parfum distribués gratuitement pour attirer de nouveaux clients, le *free* doit correctement représenter le premium. L'illusion du premium, construite par la version gratuite, se verra alors renforcée par le bouche-à-oreille et les réseaux, qui détiennent un rôle fondamental en termes de communication. Cette réalité est à double tranchant, car une information rapportant l'insuffisance de la qualité du produit peut également circuler rapidement et influer de manière plus intense que dans le cas d'un produit normal. Cette influence exercée par des leaders d'opinion se traduit par une baisse ou une hausse du nombre d'utilisateurs du gratuit ainsi que de celui des clients de la version premium.

Facteur de succès : il s'agit de considérer le freemium comme un modèle permettant au client de tester le produit avant de l'acheter. La mission : satisfaire le client en termes de qualité et le rallier à sa cause.

- Il est également judicieux de minimiser les coûts de fonctionnement de la version gratuite : cette minimisation vise à réduire le nombre d'utilisateurs premium à atteindre pour couvrir les coûts de production et de commercialisation des deux versions. Cette démarche est directement liée au coût marginal de la production qui doit se rapprocher le plus possible de zéro. En d'autres termes, la duplication du produit, dans sa version gratuite et payante, doit coûter un minimum. Il convient de tenir le même raisonnement en ce qui concerne sa distribution : il faut trouver un transfert à faible coût, rapide et sans contrainte. La clé du succès : le financement de la production des deux versions du produit via l'adhésion payante des clients premium. Dans le cas des données digitales, l'application du modèle freemium, nous l'avons vu, ne pose a fortiori pas de problème puisque le coût marginal et la distribution sont facilement contrôlables. Ces dimensions peuvent par contre présenter un véritable obstacle si ce *business model* est appliqué à un produit matériel.

Facteurs de succès : comme lors de la première étape, il s'agit de trouver un équilibre de financement, bien que cette fois on se focalise davantage sur l'offre. Si la première étape visait la maximisation des acheteurs potentiels, celle-ci vise la minimisation des coûts potentiels de production.

- Enfin, la dernière étape consiste à inciter au passage vers le premium : il s'agit du plus grand défi du modèle freemium. En respectant toutes les étapes précédentes, la version gratuite est susceptible de retenir l'attention d'un maximum d'usagers. Comme nous le mentionnions dans la première étape, cette maximisation conditionnera ultérieurement le nombre de clients premium. Toutefois, la situation initiale (beaucoup d'usagers du gratuit, mais peu de clients premium) risque de stagner si les caractéristiques satisfaisantes de la version gratuite atténuent l'intérêt de la version premium. Il est donc important de choisir le bon type de freemium (cf. partie 1) et les bons services complémentaires contenus uniquement dans la version payante. Il faut en effet que les bénéfices tirés du passage au premium soient visibles et facilement évaluables.

Facteur de succès : c'est le taux de conversion qui nous intéresse au cours de cette étape. Ce taux, rapporté aux coûts de fonctionnement du modèle, concrétise le succès ou l'échec du freemium considéré. Un taux de conversion élevé est atteint grâce à une fidélisation des usagers du gratuit et à l'adoption d'une bonne stratégie, que ce soit au niveau des avantages proposés dans la version premium ou par rapport à la clarté et à la visibilité des informations concernant ces avantages.

> « Si l'essai satisfait le consommateur et que l'offre premium le séduit davantage, le pari est tenu et l'équilibre maintenu. »

ÉTUDES DE CAS – SKYPE ET SPOTIFY

Skype

<u>Skype</u> a été pensé en 2003 par Janus Friis (né en 1976) et Niklas Zennström (né en 1966) comme nouveau moyen gratuit de communication instantanée, écrite (IM : *Instant Messaging*) et orale (VoIP : *Voice over IP*). Ces deux dimensions sont complétées ultérieurement par l'option des appels vidéos. Skype est acheté par eBay en 2006, puis par Microsoft en 2011.

En parallèle à son offre de services gratuits, ce concept innovant propose des services premium payants, notamment le SkypeOut, qui permet d'appeler des téléphones fixes et mobiles. Même s'il n'est pas gratuit, ce service reste compétitif vis-à-vis des communications téléphoniques standards, surtout lorsqu'il s'agit d'appels longue distance. Par ailleurs, il est également possible d'acquérir un numéro Skype pour recevoir des appels provenant de téléphones fixes et mobiles. C'est ce qui correspond au SkypeIn.

De prime abord, les utilisateurs potentiels de Skype sont nombreux. La possibilité d'utiliser l'ordinateur, les frais de communication économisés et la qualité plus que satisfaisante des appels séduisent d'emblée et les poussent à adopter cette application révolutionnaire. Outre cet argumentaire axé sur la qualité du service, l'effet réseau joue un rôle important et attire plus subtilement des clients potentiels : les fonctionnalités mises à disposition par Skype dans sa version gratuite sont inutiles si les amis de l'utilisateur en question ne disposent pas d'un compte Skype. Plus concrètement, il est plus difficile de se convertir à un logiciel s'il faut convaincre toute sa liste de contacts de faire de même. Quant à l'attractivité de la version premium, elle dérive premièrement de la fidélisation décrite ci-dessus et deuxièmement de l'offre de prix qui concurrence la téléphonie standard.

En moyenne par mois, environ 184 millions de personnes utilisent Skype. Parmi elles, 8,1 millions ont souscrit à l'une des deux formules premium. Avec un taux de conversion de plus de 6 % et une technologie qui évolue au même rythme que les ordinateurs des utilisateurs, la rentabilité de l'application est assurée.

De plus, les coûts de fonctionnement sont minimisés. Par exemple, en 2010, seuls 65 sur 839 employés travaillaient au service clientèle. Le service après-vente en effet est partiellement remplacé par les forums de discussion et d'entraide entre utilisateurs.

Toutefois, il existe certains risques : la concurrence que représente Skype par rapport aux opérateurs téléphoniques pourrait mener ces derniers à annuler leurs différents partenariats et bloquer la possibilité de SkypeOut et de SkypeIn, annulant l'accès de Skype à leurs réseaux par exemple.

Par ailleurs, l'acquisition assez récente de Skype par Microsoft ne facilite pas les prévisions concernant l'évolution du *business model* de ce moyen de communication révolutionnaire. Faut-il envisager la transformation de celui-ci en service payant dans son intégralité ? Ce qui est certain, c'est que le marché du VoIP promet beaucoup d'actions pour la décennie à venir et que beaucoup de pistes de développement sont à prendre en compte.

En résumé, l'exemple de Skype présente toutes les étapes à suivre et les critères à respecter pour faire du freemium une *success story*, bien que les risques de déviation existent. Dans ce cas-ci, il peut s'agir aussi bien de risques relatifs à la structure des coûts (annulation des partenariats avec les opérateurs téléphoniques) que de menaces pour les utilisateurs (passage à un modèle payant pour tous les services).

Spotify

L'intérêt de Spotify comme étude de cas dans le cadre de notre présentation du modèle freemium réside dans la mise en lumière de cette nouvelle vague d'applications permettant l'écoute gratuite de musique en ligne.

Spotify a été créé en 2006 par les deux entrepreneurs suédois Daniel Ek (né en 1983) et Martin Lorentzon (né en 1969). Le service principal que cette application propose est le *streaming* (diffusion par flux continu s'opposant sur Internet à la diffusion par téléchargement) de musique en ligne. Ce service se décline sous trois formes :

- la forme la plus basique, gratuite, correspond à la Spotify Open qui permet une écoute gratuite de musique en ligne. Cette écoute est toutefois régulièrement interrompue par des publicités ;

- la deuxième option consiste en la Spotify Unlimited qui élimine l'interruption publicitaire moyennant le versement mensuel d'un montant fixé ;
- la troisième proposition, plus chère et plus aboutie, complète les deux premières par la possibilité d'utiliser le même compte sur tablette et smartphone, et ce même en l'absence de connexion Internet. Il s'agit de la Spotify Premium.

Pour attirer et constituer une bonne base d'utilisateurs de la version gratuite, Spotify n'a pas directement bénéficié d'un effet réseau tel que nous l'avons vu dans le cas de Skype. Deux techniques ont été utilisées pour pallier ce manque :

1. **une collaboration avec des réseaux sociaux comme Twitter et Facebook**. Cette stratégie a fourni aux utilisateurs de Spotify la possibilité de partager des morceaux sur ces réseaux. Étant donné que la musique ainsi partagée ne peut être écoutée qu'après installation de Spotify et création d'un compte, une augmen-

tation du nombre d'adeptes a rapidement été observée ;

2. **une stratégie d'inscription sur invitation uniquement (au lancement)**. Ces invitations étant limitées, les utilisateurs qui voulaient partager leur expérience d'écoute musicale ont eu à choisir parmi leurs contacts et inviter uniquement ceux qui étaient les plus susceptibles d'apprécier les services Spotify à leur juste valeur. De cette manière, Spotify a compté, dès ses débuts, une majeure partie de clients premium potentiels.

En chiffres, cela correspond à 10 millions d'utilisateurs actuels, dont un million d'abonnés.

Le plus grand obstacle rencontré par l'entreprise réside dans l'obligation d'acheter les licences indispensables à la diffusion de la musique auprès des boîtes de production et des labels concernés. C'est en effet cette dépendance qui génère la majorité des coûts puisque le *streaming* en lui-même n'est pas coûteux (le programme est installé sur l'ordinateur de l'utilisateur même, comme pour Skype). Cela représente une menace en ce qui concerne la condition relative au coût marginal proche de zéro, centrale dans le cadre du freemium.

En ce qui concerne l'évolution du modèle de Spotify, on remarque déjà quelques changements importants. Par exemple, le *streaming* illimité offert aux utilisateurs du gratuit est depuis 2012 restreint de deux manières : la première se rapporte à une limitation de la durée, soit 10 heures d'écoute gratuite par mois, tandis que la seconde est basée sur le nombre d'écoutes, pas plus de cinq écoutes par morceau.

Cette évolution reflète-t-elle une volonté de Spotify de passer à un *business model* plus standard où tous les services seraient payants ? Peut-être, en regard de l'importance de la base d'utilisateurs déjà constituée qui pourrait être jugée comme suffisante pour une conversion en tout-payant.

En conclusion, Spotify se caractérise par l'originalité de la combinaison de plusieurs *business model* : le financement par les abonnements, mais également par la publicité, l'exploitation de cette dernière pour rendre les versions Unlimited et Premium plus attirantes, etc. En outre, à long terme, la possibilité d'adopter un système où seul un compte premium serait disponible n'est pas à exclure, car la structure des coûts est ici plus complexe vis-à-vis de la dépendance en raison des labels de musique.

EN RÉSUMÉ

- Plusieurs types de gratuit existent dans l'économie de marché. Le freemium est l'un de ces types. Il consiste à offrir un produit ou un service en deux versions : l'une gratuite (*free*) et l'autre payante (*premium*).
- L'avantage de la version payante correspond généralement à l'accès à certains services améliorés ou supplémentaires par rapport à la version gratuite.
- Le but de cette stratégie est d'attirer un maximum de clients, dans un premier temps.
- Dans un second temps, l'objectif est de maximiser le taux de conversion qui fait référence au pourcentage d'utilisateurs de la version gratuite se convertissant en utilisateurs de la version premium.
- Il existe plusieurs catégories de freemium : la version premium peut offrir des options supplémentaires (Skype), elle peut permettre d'utiliser le service en question de manière illimitée (Spotify) ou en quantité illimitée (Dropbox) et elle peut également permettre

à plusieurs utilisateurs d'accéder au même produit (HipChat).

- Le freemium n'est pas un *business model* adapté à tous les produits : certains risques tels que les *freeloaders* ou une concurrence accrue peuvent annuler sa plus-value.
- L'inconvénient, pour l'utilisateur, est le contrôle limité qu'il exerce sur la version gratuite.

Votre avis nous intéresse !
Laissez un commentaire sur le site de votre
librairie en ligne et partagez vos coups de cœur sur
les réseaux sociaux !

POUR ALLER PLUS LOIN

SOURCES BIBLIOGRAPHIQUES

- ANDERSEN (Chris), *Free : the Future of a Radical Price*, Londres, Pearson, 2009.

- ANONYME, « The Best and Worst Uses Of The Freemium Business Model », in *Compare Business Products*, 25 janvier 2011, consulté le 14 mai 2014.
http://www.comparebusinessproducts.com/fyi/best-worst-freemium-businesses

- BEECROFT (Nikki), « Demystifying the Freemium Model », in *Binkd*, 16 août 2013, consulté le 14 mai 2014.
http://binkd.com/marketing/demystifying-the-freemium-model/

- BOMSEL (Olivier), *L'économie immatérielle : industries et marchés d'expériences*, Paris, Gallimard, 2010.

- Portail de Skype, consulté le 14 mai 2014.
http://www.skype.com/

- Portail de Spotify, consulté le 14 mai 2014.
http://www.spotify.com/

- PORTER (Michael E.), « Strategy and the Internet », in *Harvard Business Review*, mars 2001.

- ROSOFF (Matt), « Spotify Bleeding From Licensing Costs », in *Business Insider*, 22 novembre 2010, consulté le 14 mai 2014.
http://www.businessinsider.com/spotify-needs-more-paying-subscribers-to-survive-2010-11

- WIELS (Jason), « Le Freemium, nouvelle recette ou vieille formule ? », in *Regards sur le numérique*, 26 mars 2012, consulté le 14 mai 2014.
http://www.rslnmag.fr/post/2012/03/26/Le-freemium-nouvelle-formule-ou-vieille-recette-.aspx

- Site du modèle freemium, consulté le 14 mai 2014.
http://www.freemium.org/

- WILSON (Fred), « My Favorite Business Model », in *AVC (blog)*, 23 mars 2006, consulté le 14 mai 2014.
http://www.avc.com/a_vc/2006/03/my_favo-rite_bus.html